# El pequeño
# Libro de las
# runas

Nota de la autora:

Las citas incluidas en este libro han sido tomadas de *Runic and Heroic Poems of the Old Teutonic Peoples*, ed. de Bruce Dickins, de 1915. Hay muchas otras traducciones disponibles. Incluyo estas citas para que podamos atisbar el mundo en el que anhelamos adentrarnos[1].

---

[1] Las citas son una traducción fiel de las fuentes empleadas por la autora. *(N. del E.)*

# El pequeño Libro de las runas

## Madeleine du Frayne

**Gaia**
Ediciones

Título original: *The Little Book of Runes*

Traducción: Blanca González Villegas

© 2023, Octopus Publishing Group Ltd.

Publicado originalmente en Gran Bretaña en 2023 por Gaia,
un sello de Octopus Publishing Group Ltd.

Publicado por acuerdo con Octopus Publishing Group Ltd.,
Carmelite House, 50 Victoria Embankment,
Londres EC4Y 0DZ, Inglaterra

De la presente edición en castellano:
© Distribuciones Alfaomega S.L., Gaia Ediciones, 2024
   Alquimia, 6 - 28933 Móstoles (Madrid) - España
   Tel.: 91 617 08 67
   www.grupogaia.es - E-mail: grupogaia@grupogaia.es

Primera edición: febrero de 2025

Depósito legal: M-20.126-2024
I.S.B.N.: 978-84-1108-151-1

MIXTO
Papel | Apoyando la
silvicultura responsable
FSC® C144853

Impreso en China

# Índice

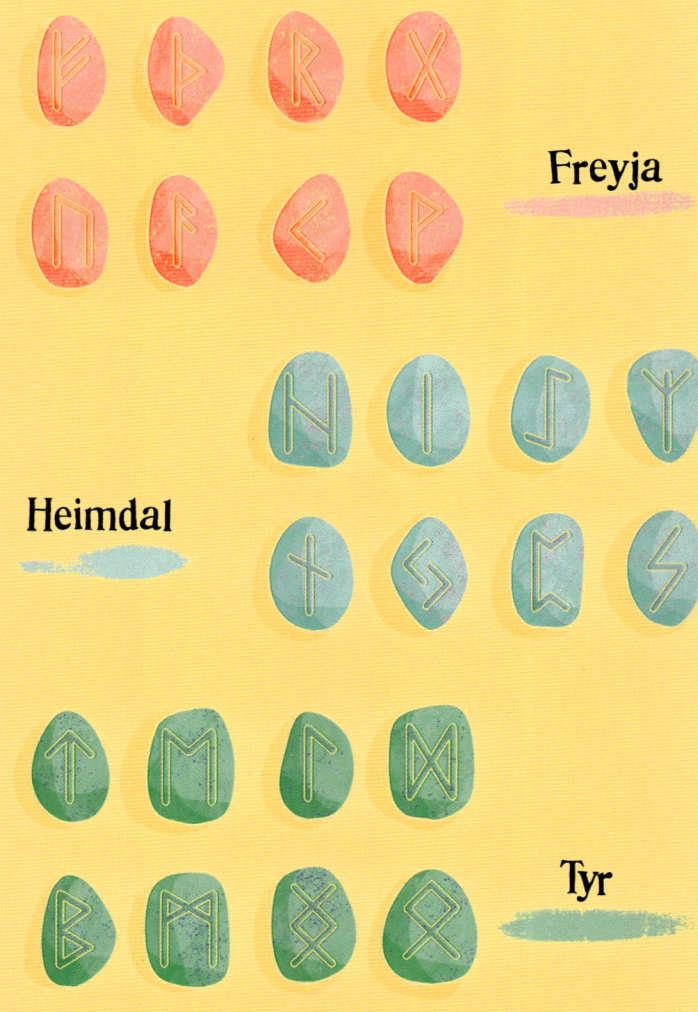

Freyja

Heimdal

Tyr

# Introducción

La palabra *runa* posee muchos significados.

En islandés es una amiga; en inglés antiguo, un susurro; un secreto, en irlandés antiguo. En finés y galés es una canción, un mantra o un encantamiento. En nórdico antiguo, donde todo empezó, es un misterio.

Las runas son todo esto, además del alfabeto de un lenguaje que ninguna persona viva ha escuchado jamás como lengua materna; los últimos que emplearon este sistema de escritura con fines prácticos y cotidianos vivieron en el siglo VIII. Las runas son el lenguaje sagrado de un pueblo que existió hace casi dos mil años: el idioma, en muchos sentidos, de nuestros predecesores en la Tierra.

Porque, independientemente de que nuestros antepasados utilizaran o no las runas para escribir, el mundo en el que vivimos se ve directamente influido por aquel pueblo. Somos los herederos de su lenguaje (si hablamos en inglés) y veneramos a sus dioses como (super)héroes. Los nombres de los días laborables en inglés se basan en sus días sagrados: *Moon's Day* ('día de la luna') y *Monday* ('lunes'), *Tiw's Day* ('día de Tiw') y *Tuesday* ('martes'), *Wotan's Day* ('día de Wotan') y *Wednesday* ('miércoles'), etc. Además, el comercio mundial sigue el patrón que aquella gente empleaba para sus transportes en barco.

La tecnología moderna se ve adornada por una runa doble, empleada a modo de símbolo de Bluetooth: ᛡ + ᛒ, Hagall, del futhark joven (véase más abajo), y Berkana (véase la página 83), combinados en una única runa ligada, cuyo significado alude a una comunicación invisible e intangible.

Aquellos predecesores nos dejaron su mundo, y también sus palabras.

Por tanto, escuchemos.

Las runas, como ya hemos indicado, son un alfabeto. Tres alfabetos, de hecho: el futhark antiguo, el futhark joven y el futhorc anglosajón. Así como la palabra *alfabeto* deriva de *alfa + beta*, *futhark* proviene de las siete primeras letras del alfabeto rúnico: Fehu, Uruz, Thurisaz, Ansuz, Raido, Kenaz.

El futhark antiguo contiene veinticuatro runas divididas en tres Ættir. Un Ætt es una familia, y cada familia de ocho runas pertenece a una antigua figura mitológica nórdica. Freyja, la diosa del amor, rige la primera. Heimdal, el vigilante de la puerta del cielo, la segunda. La tercera pertenece a Tyr, el misterioso dios que se autosacrificó en el inicio de los tiempos. Los orígenes de estos Ættir se pierden en el tiempo, como sucede con muchas de las historias de las figuras mitológicas que velan por ellos… No obstante, gracias a los vestigios que han llegado a nuestros días, podemos ver que cada Ætt es todo un viaje en sí mismo.

Aunque en este momento esas primeras letras del alfabeto rúnico puedan parecer ajenas y poco atractivas, cuando acabes de leer este libro tanto ellas como las runas restantes se habrán convertido en tus amigas. Quizá esta idea te resulte algo estúpida (¿cómo va a ser una letra una amiga?), pero estos símbolos tienen una resonancia ancestral. Cada letra va acompañada tanto de un nombre, con su correspondiente traducción literal, como de un profundo significado simbólico. A menudo se incluye también un poema o un acertijo. La runa es la respuesta al acertijo, que a su vez es la canción de la runa.

El asunto no es tan complicado como parece. Piensa que utilizamos con frecuencia las letras a modo de símbolos. Así, por ejemplo, en el sistema de calificación anglosajón, la letra A significa algo bien hecho, mientras que la F indica un suspenso; por otra parte, la X puede indicar tanto una incógnita como un tesoro, o incluso puede hacer referencia a Jesucristo. La cuestión es que el alfabeto rúnico va un paso más allá.

El significado simbólico de las runas nos permite utilizarlas como método de adivinación. Y precisamente

por ese motivo estás leyendo este libro: no somos erudi-
tos ni historiadores, aunque, como ellos, estamos aquí
para descifrar mensajes.

Las runas, en el sentido con el que las empleamos, son
un conjunto de veinticuatro piedras grabadas (a veces en
huesos o incluso en cartas pintadas). Cada piedra, hueso
o carta presenta una runa. Tomamos tres al azar (a veces
menos, a veces más) y las usamos para contar una historia
o responder a una pregunta.

Nos acercamos a ellas, y ellas nos ofrecen una nueva
perspectiva de nuestra vida. Las palabras antiguas, tradu-
cidas del islandés o del anglosajón, nos aportan formas
diferentes de analizar un problema. Son pistas que nos
indican adónde podríamos ir a continuación. Son un es-
tímulo para trazar historias, nos ofrecen inspiración y nos
aportan luz.

En tiempos difíciles, las runas se convierten en nuestras amigas; son la canción de nuestra vida, con estribillo
y estrofas, el persistente cántico de algo que ya sabes que
es verdad. Verás, el arte de leer las runas consiste en escuchar a tu propio subconsciente, los secretos del yo, los
susurros que quizá hayas estado intentando ignorar. Después de todo, aunque puedas comprar magia en Amazon,
debes saber que al menos una parte de ella procede de tu

interior. Con esto no quiero decir que te vayas a convertir de la noche a la mañana en un especialista versado en brujería, psiquismo o adivinación; simplemente te recuerdo que eres experto en tu propia vida. A veces, cuando hablamos de herramientas como las cartas del tarot o las runas, resulta fácil caer en la trampa de creer que estas nos dicen lo que debemos hacer. Es cómodo creer que estos instrumentos nos revelan un futuro que ya está escrito. Sin embargo, tú eres la única persona que puede contar tu historia, y también la única que puede cambiarla. Tu vida es tuya.

Tomamos de las piedras lo que ponemos en ellas; como en todo lo referente a la magia y la espiritualidad, tienes que dar para recibir. Plantea con sinceridad tu pregunta a las piedras y encuentra las respuestas que más necesitas.

El alfabeto rúnico es un sistema ancestral utilizado (en ocasiones de manera abusiva) por muchas personas a lo largo de los siglos. No podemos pasar por alto su complicada asociación con ciertos grupos de extrema derecha, como los nazis y los neonazis, pero tampoco podemos permitir que la historia de las runas quede reducida a eso. Como es el caso de tantísimas prácticas espirituales, la lectura rúnica pertenece tradicionalmente a los marginados; a un conjunto diverso y hermoso de cuentacuentos procedentes de todo tipo de mundos. Debemos pues, como estudiosos de las runas, rechazar toda idea de que sus historias sean de aquellos que quieren dividirnos. Todo lo contrario, pertenecen a quienes viven en el mundo al que dieron forma los antiguos, es decir, a todos los seres humanos. Cuando leemos las runas, somos conscientes de que debemos utilizar su poderosa historia y su fuerza para hacer el bien.

# Elige tus runas

¿Y ahora qué? ¿De dónde sacamos las runas?

Tu primer equipo puedes fabricártelo tú mismo o comprarlo por bastante poco dinero. No tengas la sensación de que necesitas buscar lo mejor de lo mejor. Al principio, quizá tardes un poco en averiguar qué tipo de runas te gustan. La mayoría de nosotros pasamos por varias antes de encontrar aquellas que, en nuestras manos, nos parecen adecuadas. Créalas o compra las que te resulten fácilmente accesibles; date tiempo para averiguar qué tipo de lector de runas eres. Concédete un plazo.

Tanto si las haces tú mismo como si no, es muy conveniente que escribas el alfabeto mientras vas aprendiendo cada símbolo. Puedes coger un diario con espacio para cada runa o sencillamente irlas dibujando una por una en varios pósits.

Cuando yo estaba aprendiendo, escribí una tarjeta por cada runa, como si estuviera estudiando en el colegio. Quería tomármelas en serio, igual que quería que ellas se tomaran mi vida en serio. Al dedicar un tiempo a aprender, también estaba dedicándome tiempo a mí.

Esto nos familiariza con la forma, pero también nos da una cierta propiedad del símbolo: esta es mi letra, así es como yo escribo esta runa. El acto de escribir tiene un poder increíble. Se ha comprobado que nos ayuda a procesar los sentimientos malos, como la pérdida, y a reafirmar los buenos, como la gratitud. También nos ayuda a aprender con distintas partes de nuestro cerebro, y no solo las puramente académicas: lo que la mano hace, la mente lo recuerda.

Puedes rodear cada símbolo con ideas: palabras y frases significativas, fragmentos de poemas tradicionales o cosas que te vengan a la mente a partir de tus propias experiencias. Cuando relacionamos una runa con cosas que ya conocemos, le damos vida.

Al escribir, dibujar, grabar o pintar las runas, impregnas a los símbolos de tu energía… y esto sucede tanto al hacerlas como al estudiarlas.

Crear tu propio conjunto de runas es, evidentemente, una forma maravillosa de conocer el futhark… y de hacer que cada una sea exclusivamente tuya (ahora bien, si de repente la idea te amedrenta, puedes tener la tranquilidad de que no es en absoluto necesario).

De todas formas, si ves que te apetece, la forma más fácil de hacerlo es con arcilla de secado al aire. Forma veinticuatro teselas, graba una runa en cada una y deja secar. También puedes formar las veinticuatro teselas, dejarlas secar y pintar los símbolos. Algunas personas los graban, otras los pulen… ¡si eres capaz de hacer eso, probablemente estés muy por encima de lo que yo te pueda enseñar!

Lo importante es lo siguiente: no pasa absolutamente nada por comprar un juego de runas. Muchos de los que se dedican a leerlas las compran, ya sea en una tienda «ocultista» de tipo mágico o incluso (en susurros) por Internet. Podemos encontrar muchísimos juegos preciosos hechos con todo tipo de materiales, no solo de piedra, sino también de hueso grabado, arcilla moldeada e incluso cuerno.

Las gemas son las más comunes y puedes elegirlas según la cualidad que esperas aportar a tu trabajo. Evidentemente, muchas están económicamente fuera de nuestro alcance, pero las piedras semipreciosas contienen mucho poder espiritual. Por ejemplo, la amatista aporta claridad y tranquilidad, el jade invoca la prosperidad y el jaspe, el consuelo.

Y si la idea de que los cristales puedan tener un significado te produce urticaria, no te preocupes. Su magia no es para todo el mundo. Es posible que consideres que las piedras son hermosas y eso también resulta enormemente poderoso. Trabajar con algo bonito es un regalo; dedicar un poco de espacio y tiempo a estar con un objeto bello resulta por sí mismo sanador.

Recuerda que eres tú el que impregna estas piedras de su magia. Tú y tu energía sois los que impulsáis las historias que tus piedras te cuentan.

# Haz espacio
# a las costumbres antiguas

Por lo general, llegamos a las runas porque queremos saber dónde debemos ir. Sin embargo, en ese momento estamos basándonos en nuestro pasado compartido. Para descubrir el futuro, tenemos que estar en equilibrio con nuestro presente y, para ello, debemos aceptar el pasado.

Debemos dar la bienvenida a esas costumbres antiguas y abrir un espacio para ellas en nuestra ajetreada vida.

El futhark procede de una época que era al mismo tiempo más sencilla y mucho más compleja que la nuestra. La vida cotidiana estaba entretejida de mitología salvaje: los dioses eran, para estos pueblos, tan reales como su ganado; un caballo y una tormenta de granizo, tan mágicos como el principio y el fin del universo. Un abedul podía ser al mismo tiempo una fuente de vida y una fuente de auxilio espiritual como representación de una diosa. Las necesidades físicas del hombre estaban al mismo nivel que el hielo invernal y un juego de dados. Cada una de estas cosas —una tormenta, una diosa, un caballo, un juego— tiene las mismas probabilidades de salir en las runas que cualquier otra. La vida está compuesta por todas ellas: las grandes, las pequeñas, las hermosas, las aterradoras. Pero eso ya lo sabemos, por supuesto. En lo más profundo de nuestro ser, lo sabemos. Sin embargo, a veces lo perdemos de vista, bajo el peso de todo lo demás. Podemos olvidar lo espiritual en medio de la rutina, interminable, tediosa y práctica. Igual que podemos dar por sentadas las cosas corrientes mientras intentamos alcanzar sin éxito algo más.

En nuestra sociedad, cada vez más comercial, nos acabamos distanciando tanto de las cosas más pequeñas de la vida como de las más grandes. Nos cuesta conectar con nuestro centro espiritual, pero somos incapaces de alimentar esas necesidades humanas fundamentales. Ya no cultivamos la tierra ni tememos al invierno, ni conocemos el lugar que ocupamos en la naturaleza.

Intentamos creer que la muerte no forma parte de la vida. Intentamos creer que somos distintos de aquellos que vinieron antes que nosotros; intentamos creer que, si comemos bien y nos esforzamos y trabajamos correctamente, podremos escapar del destino en todos los aspectos.

Supongo que nos encontramos un poco a la deriva.

Por eso, en este momento, antes de empezar nuestro curso, vamos a tomarnos un poco de tiempo.

Enciende una vela, si puedes, y dedica unos instantes a respirar.

Respira hondo y conecta con tu entorno. Observa la habitación en la que te encuentras, la tierra sobre la que está construida. Imagina esa tierra hace mucho tiempo, antes de que hubiera en ella una ciudad, un pueblo, una aldea. Imagina la tierra que tienes debajo, y las raíces y los huesos que habitan en su interior. Imagina que estás completamente rodeado por la vida y la muerte. Sé consciente de que perteneces a ella. Sé consciente de que ella te pertenece a ti, y que en esa pertenencia está tu obligación de cuidarla, y la obligación de la tierra de cuidarte a ti. Respira hondo: inspira por la nariz y exhala por la boca. Siente el aire en tu boca, tu garganta y tus pulmones. Siéntete agradecido. Permanece abierto.

Desenfoca la mirada y pósala suavemente sobre la llama. Coge las runas con la mano. Da las gracias al fuego por la luz y a las piedras por su tacto frío. Siente tu presencia y la suya. Respira y empieza.

**Fehu**

**Thurisaz**

**Uruz**

**Ansuz**

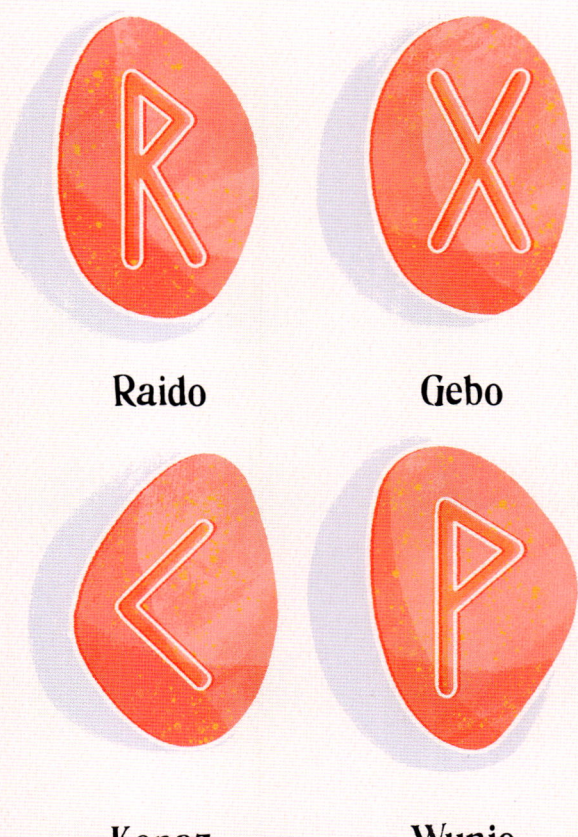

Raido

Gebo

Kenaz

Wunjo

# El primer Ætt:
# Introducción
# a Freyja

El primer Ætt es el de Freyja, la diosa del amor y la fertilidad. Es el hogar de la madre, el granjero, la luz de la antorcha, los regalos y la alegría; el ganadero y el caballo; la respiración en los pulmones y la llovizna. Es el plano de la vida, las cosas que preocupaban a los primeros hombres y nos deberían preocupar hoy a nosotros. Las cosas reales, tangibles, las del plano físico por encima de todo lo demás.

Este Ætt es un ciclo de vida, desde la semilla que tenemos en la mano hasta la plantación y la germinación, la cosecha, la venta y el beneficio devuelto a la tierra como más semillas. ¿Esto es todo lo que hay? Esto es todo lo que habrá jamás, si tenemos suerte. Es la mejor vida que una persona puede tener: aprender, crecer, regresar a la tierra de la que procedemos. Tierra a la tierra, ceniza a las cenizas y polvo al polvo: somos uno con el mundo y el mundo es uno con nosotros. Este es el reino de Freyja, el plano de lo real, lo verdadero, el aquí y ahora. Estamos aquí para el Raido, el viaje, y la sensación de tener un buen caballo debajo de ti, o un buen jinete encima, y la confianza que debemos sentir por aquello que controlamos y aquello que nos controla a nosotros. Esta es una familia de confianza y de equilibrio. De intentar encontrar en todo momento el equilibrio en un mundo demasiado grande para nosotros.

La llovizna, la espina, la vieja herida que no sana y el marido que no está nunca satisfecho: estas son las pruebas del Ætt de Freyja. En mi opinión, es importante no desestimar estas dificultades. Son las luchas de la vida real, no las de la filosofía ni las de lo que viene después. No son nada grandioso, pero tampoco son pequeñas. Importan. Es necesario escucharlas porque cada una nos enseña fortalezas y trae consigo alegrías. La llovizna es una lluvia dulce, que no es helada. La espina no es una espada ni un hacha, sino el pincho de una planta que vive y es fuerte. Las viejas cicatrices son maestras. El marido es un protector, un guerrero, un amante. Todas estas cosas están en cada uno de nosotros y este equilibrio entre el bien y el mal es algo por lo que todos luchamos a diario.

Y después de todo este equilibrio, y de estas luchas, como una buena madre, Freyja nos deja al sol: de Gebo, que es entrega, y Wunjo, que es alegría.

# Damos la bienvenida a Freyja

En los viejos panteones nórdicos existen dos tipos de dioses: los de la tierra y los de poder.

Freyja es una diosa ligada a la tierra y a todo lo que le pertenece. Rezuma sexo, feminidad y fertilidad. Es una diosa en el sentido antiguo, al estilo de Venus, escultural, con cuerpo de guitarra, que guarda los campos de los muertos. Cuando cabalga a la batalla, elige su amuleto de muerte y envía al resto a Valhalla, el cielo de los vikingos…, pero ella es la primera en elegir. Puede quedarse con la mitad de los guerreros y con todas las mujeres nobles. Y los alimenta bien, con calor, amor y encanto.

Es luz y belleza, amor y lujuria, bebés y cuerpos, cosas bonitas, frutos y flores, la luz del fuego y la de las velas y también la luna.

Posee las plumas de un halcón y un carro tirado por gatos. Está rodeada de cosas suaves que son feroces y de cosas feroces que son suaves. Tiene la naturaleza feroz del jabalí, pero también celebra cenas en las que el jabalí gira ensartado sobre las brasas. Amamanta a sus hijos y matará por defenderlos. Se sacrificará para mantener el fuego de los hogares siempre ardiendo, si es necesario, pero es feliz con el simple hecho de vivir. Ahora bien, no hay nada de simple en esto. El mundo de Freyja es un mundo completo y, francamente, ¿qué es la vida sin todas estas cosas? Los hombres no luchan si no tienen algo por lo que luchar, y han luchado por Freyja. Cualquiera lucharía por ella.

Porque Freyja es lo sagrado femenino. El sexo y la belleza son sus armas, y las blande a profusión. No se avergüenza de su sexualidad, no tiene falsa modestia. Es hermosa y lo sabe. Le encanta el sexo, y el placer, y su cuerpo. Practica el sexo por alegría, y por joyas, y por poder. Es la Dadora, la Iluminadora, la Dama.

Venérala con miel y acebo, con manzanas y flores. Celebra cenas en su honor. Enciende velas. Come bien. Toma carne, sé rico, sé alegre.

# Un festín por Freyja

Por Freyja, una fiesta.

Para dar la bienvenida a tu vida a esta diosa, organiza una fiesta. Una cena con tus seres más queridos y tus alimentos más apreciados. Llena tu vida de amor, risa y abundancia.

Escoge una noche de viernes, el día de Freyja (*Friday* en inglés) y llena tu existencia con esta magia. Este es el hechizo más poderoso. En realidad, no es un hechizo, sino una forma práctica y sin tonterías de encarnar de verdad los espíritus y valores de esta gran diosa.

Enciende velas doradas, compra rosas, adorna la mesa con flores y llénala de grandes fruteros repletos de manzanas y ciruelas.

Ponte perfume. Prende incienso. Cocina carnes suculentas con especias reconfortantes. Bebe con intensidad y bebe a menudo.

Ponte ropa de color rosa, de tonos intensos. Ponte algo que te haga sentir bella. Algo que te haga sentirte deseada, deseable y deseante. Pídele una cita a alguien a quien te gustaría ver más a menudo, di a aquellos que más quieres que anhelas verlos con más frecuencia. Sé encantadora, sé poderosa, sé una bendición. Percibe tu propia confianza. Siente tu sensualidad y tu sexualidad.

Hazlo en honor a Freyja y en el tuyo propio.

Deja que esta velada impregne tu hogar con el espíritu cálido que anhelas adoptar y guarda solo una de las velas.

Cuando necesites invocar a Freyja y darle entrada en tu vida, enciéndela. Recuerda el amor de tus amigos, el calor de esa velada. Recuerda lo mucho que te aman y envía ese amor de vuelta al mundo.

Echa tus runas con el calor de Freyja en tu mente: un consejo de madre, una advertencia de amante, una caricia de esposa. Te cuente lo que te cuente, escúchala con su voz. Escucha con ternura, agudeza y amor.

# Fehu: Riqueza

*Fuente de discordia entre parientes*
*y fuego del mar*
*y camino de la serpiente.*

Esta runa simboliza la riqueza, pero literalmente significa 'vacas', porque estas fueron entonces la riqueza del pueblo y siguen siéndolo en algunas partes del mundo. Son dinero, comida, grasa y calor, y nos mantendrán si nosotros las mantenemos a ellas. Sin embargo, pueden desperdigarse si no las pastoreamos con habilidad y paciencia. Necesitan cuidados. Necesitan ser atendidas y alimentadas. Esta es una oportunidad para hacerlo bien. Es la runa de las nuevas aperturas, de un nuevo comienzo, de una semilla.

Así que, venga, se te ha dado una oportunidad, como si vieras las cosas por primera vez. Empecemos de nuevo. Vamos a dejar todo atrás y a enamorarnos por vez primera. ¿Recuerdas ese primer amor? ¿La primera impresión de esa persona, de esa cosa, de ese lugar? ¿La chispa de una nueva alegría? ¿El zumbido de una suerte imposible, improbable, corriendo por tus venas? Siente esa energía verde y sostén esa abundancia: vive en ella, aunque solo sea en este momento. Acógela en tu interior.

Ahora bien… Está claro que no debes abrazarlo demasiado fuerte. «Un consuelo para todos —dice la versión anglosajona de este acertijo, pero advierte—: si se entrega libremente». La versión islandesa es más oscura: «fuente de discordia entre parientes / y fuego del mar / y el camino de la serpiente». Si no cuidamos de nuestro ganado, él no nos cuidará a nosotros. Si no damos carne y leche cuando las tenemos, ¿quién nos las dará a nosotros cuando no las tengamos? Nuestra suerte es la suerte de nuestra gente, y también la de nuestro lugar. Lo que es bueno para mí, también lo es para ti y lo mismo sucede al revés. ¿Qué es el amor sin gente a la que amar? ¿Qué es una chispa sin una razón para encender el fuego, qué mejor razón para prenderlo que mantener caliente a tu comunidad?

# Uruz: Bueyes salvajes y llovizna

*Lamento de las nubes
y ruina de la cosecha de paja
y abominación del pastor.*

Si Fehu nos trae ganado, Uruz es el buey salvaje. Está relacionada con la palabra «uro», el gran antepasado de nuestros búfalos y vacas modernas. Enormes y con grandes cuernos, los cazamos hasta extinguirlos hace ya mucho tiempo, pero viven por siempre en esta runa.

Uruz es también la llovizna, una lluvia fina que empapa la paja antes de que puedas guardarla, que hace que el exterior sea un poquito más sombrío y desalentador de lo que debería ser. Esta runa es una interrupción; literalmente, un día lluvioso. Es el día de lluvia que has estado esperando… Entonces, ¿qué esperabas? Los grandes uros han derribado tus vallas y la fina lluvia está aquí. ¿Cómo vas a reaccionar al salvajismo?

No es algo domesticado, es como un elefante en una cacharrería. Tus planes se han alterado, tus ambiciones se han visto frustradas. La vida es lo que sucede, según dicen, cuando tú estás haciendo otros planes.

Y eso es la vida.

Cuando el buey salvaje irrumpe en tu mundo, las cosas se rompen... pero no con mala intención. El buey tiene tanta fuerza, tanto peso y tanto poder que es incapaz de ver las cosas pequeñas. No le importan y, si intentas atraparlo, controlarlo o contenerlo, se asustará y golpeará más fuerte. Esta es la libertad del caos... y aunque no podemos evitarla, sí podemos aceptarla.

Porque, evidentemente, sin llovizna no hay cosechas. Sin bueyes salvajes no tenemos vacas. Son interrupciones vitales en nuestra vida. Tenemos que aceptarlas porque, sin ellas, no hay vida.

Hay proyectos por todo el mundo para intentar recuperar los uros. Por supuesto, son impredecibles. Sin embargo, cuando desaparecen descubrimos que los echamos de menos. Y haremos cualquier cosa por recuperarlos. Necesitamos el hermoso caos. Muéstrate firme, amigo mío.

# Thurisaz: Gigante y espina

*Tortura de las mujeres*
*y habitante de los acantilados*
*y marido de una giganta.*

Esta letra es espina, Thurisaz, gigante. Los «thurs» fueron grandes gigantes. Eran los maridos de sus esposas y el terror de las demás mujeres.

Piensa en Thor, el poderoso, con su martillo que atrae a los truenos. Piensa en su fuerza bruta y su poderosa energía. Si lo deseas, imagina el Thor de las películas de Marvel. Te puede resultar muy útil sobre todo si Chris Hemsworth te resulta atractivo… porque esta es la runa de la fuerte sexualidad masculina, de la lujuria desenfrenada y del entusiasmo poderoso que hace que te enamores perdidamente. Dicho de otro modo, es sexo, fertilidad y fecundación.

Piensa también que esta runa puede significar simplemente 'espina'. Recuerda cómo se incrustan en tu carne, cómo te enganchan, cómo, cuando quieres contemplar la bella rosa, se clavan en la suave piel de tu dedo.

Cuando las runas parecen tener significados contra-
dictorios o múltiples, a menudo se debe a que estamos
aplicando la lógica moderna; pincharse con una espina
no se parece en nada a un dios gigante sexualmente
agresivo. Ahora bien, piénsalo de forma lateral. Y obscena.
No seas demasiado del siglo XXI en esto. Cuando estás
leyendo las runas, es necesario que dejes entrar el pasado
en tu cuerpo, que no contemples su vida de sangre, sexo
y tormentas con una lente occidental y al estilo cristiano.
Limítate a *estar* con ellas. Conéctate con lo que tienen
que decirte y encontrarás un sentido oscuro. A veces resulta agradable, después de todo, cuando alguien dice en
voz alta aquello que callamos. Y Thurisaz habla muy
fuerte. Hazlo. Hazlo realidad. Somete las cosas a
tu voluntad.

Pero sé también amable, si puedes.
Thurisaz no lo es, pero tú puedes
serlo.

# Ansuz: Un dios

*Anciano Gautr,*
*príncipe de Ásgarðr*
*y señor de Valhalla.*

Ansuz es un dios; un gran dios, uno de los nombres de
Odín, el Padre de Todo. Significa, 'boca' y también, 'estua-
rio' y también, 'respiración', el lugar en el que el río se
une con el mar y en el que el cuerpo acepta el mundo. Es
el aliento de vida, y eso es dios. Es, sin duda, un gran dios.

    ¿Observas cómo aquí el doble significado resulta más
lógico? Si empiezas a pensar de forma poética, lateral, los
patrones te saltan como en una imagen de *El ojo mágico*.
Y esta es la runa de los patrones y los poemas, de la lógica y el pensamiento lateral. Es una llamada a pensar con
cuidado, a mirar antes de saltar, a consultar un mapa antes
de ponerse en movimiento.

    Ansuz nos pide que pensemos nuestras palabras. ¿Qué
decimos? ¿Por qué lo decimos? ¿Qué esperamos obtener
con esta apertura de nuestros labios? ¿Podríamos hacerlo
mejor?

Aquí hay divinidad. Un dios se está saliendo de la bondad para preguntarte: ¿hablas con sabiduría? ¿Escribes con cuidado? Centra la sabiduría. Centra el cuidado.

# Raido: Cabalgada

*Alegría de los jinetes*
*y viaje veloz*
*y el esfuerzo del caballo.*

¡Cabalga! Sigue cabalgando, porque esto es una llamada a la acción. Esta runa es una brújula y una guía pero, por encima de todo, te está instando a que simplemente *vayas*. El camino se abre ante ti. La vía está abierta. ¿Necesitas esperar? ¿De verdad necesitas algo más? ¿O podrías empezar hoy? Los que podáis, hacedlo. Esta es una runa de aventura y del gran desconocido.

   ¿Te asusta esta idea? Podría ser. Ahora no hay tiempo de planificar. Ya has pensado lo suficiente… y apuesto a que sabes, solo con leer esto, a qué me estoy refiriendo. Eso que has querido hacer. Eso que esperabas hacer. Quizá ni siquiera lo has expresado con palabras todavía, ni siquiera para tus propios adentros. Pero sabes lo que es. Eso que quieres en secreto. Ha llegado el momento de hacerla realidad. De salir y ponerla en práctica.

Está claro que puede asustar. Otra versión de este poema indica directamente que cabalgar les resulta más fácil a aquellos que no lo hacen y se quedan sentados en el salón.

Pero no eres el único. Esto es lo importante. Esta no es una runa de caminante; no es un viajero solitario. Es un jinete, y necesitas tener un caballo. Es una runa sobre la confianza entre tu sistema de apoyo y tú. Has domado al mundo para tener aliados y amigos, al ayudante que necesitas para tu viaje. El caballo trabajará. Sabes que lo hará; y, de hecho, en ocasiones el caballo puedes ser tú mismo. Este viaje no será fácil, pero sí hermoso. El trabajo y la alegría deben estar equilibrados. Este es el Ætt del equilibrio, y puedes conseguirlo.

El vínculo entre el caballo y el jinete no se parece a ninguna otra cosa: amor, servicio y trabajo en equipo por ambas partes. El jinete debe cuidar del caballo, confiar en él y disfrutar. El caballo debe cuidar del jinete, y confiar, y disfrutar. Si alguno de los dos es desgraciado, ambos lo son. Da un paso al frente, con alegría y gratitud.

# Kenaz: Una antorcha y una cicatriz

*Enfermedad fatal para los niños*
*y un punto doloroso*
*y morada de mortificación.*

Kenaz es una cicatriz y también una antorcha. Es dolor y también alegría. Es luz y también oscuridad.

Una antorcha no crea las cosas que toca con su luz; simplemente las revela. El rayo titilante se vierte sobre la habitación oscura y vemos lo que hay dentro. Esto es Kenaz, una intuición repentina de dirigir la luz de la antorcha justo a ese lugar y ver lo que está escrito. Tú tienes las respuestas.

El segundo significado de Kenaz, tal y como lo conocemos, es una vieja herida, una úlcera. Las cicatrices nos aportan significado. Nos enseñan cosas que jamás habríamos conocido sin ellas.

Quizá, como en una infección, tengamos que raspar la carne vieja y enferma para ver la chispa de la nueva. Quizá, como en una habitación a oscuras, tengamos que recordar simplemente que debemos encender la luz.

# Gebo: Regalo

*La generosidad trae consigo*
*crédito y honor,*
*que apoya la dignidad de la persona;*
*suministra ayuda y subsistencia*
*para todos los hombres rotos que carecen de todo lo demás.*

¿Qué puedes dar? ¿Qué deberías dar? Si esta runa ha llegado a tu vida, se te está pidiendo que practiques tanto la gratitud como la generosidad. Que vivas como si tuvieses más que suficiente. Que aceptes los regalos con gratitud. Que des lo que tienes. ¿Qué estás reteniendo? ¿En qué aspectos podrías ser más generoso?

Gebo, o Gyfu, es el término de donde procede la palabra inglesa *gift* (regalo). ¿Qué regalos posees? ¿Qué se te ha dado, qué se te ha concedido? ¿De qué podrías desprenderte?

Para obtener, es necesario dar. Sacas lo que has metido. Esta runa es un regalo para ti, un recordatorio de que puedes aceptar con gratitud todo aquello que se te ofrezca. No te resistas a la ayuda porque quizá necesites esa base cuando a ti, a tu vez, se te pida que la des. Esta runa tiene un equilibrio situado en el corazón de este Ætt y, de hecho, en el corazón de la lectura de las runas.

A veces se asocia con las relaciones e históricamente se ha vinculado en concreto con las relaciones heterosexuales: el equilibrio de la energía masculina con la femenina y el de dar y recibir. Recuerda que debemos pensar como nuestros antepasados, sin el peso de los valores sociales modernos. Estamos hablando de sexo y de poder, de la forma en la que debemos en ambos espacios recordar que hay que dar tanto o más de lo que esperamos ganar.

# Wunjo: Alegría

*Alegría que disfruta aquel que no*
*    conoce el sufrimiento,*
*la pena ni la ansiedad,*
*y disfruta de prosperidad y felicidad*
*y de una casa suficientemente buena.*

Si pensamos en el Ætt de Freyja como si fuera el viaje de
la semilla, desde la compra hasta la siembra, desde la
siembra hasta la cosecha, desde la cosecha hasta la venta,
este es el momento en el que podemos obtener un beneficio. De hecho, es el momento en el que decidimos qué
hacer con esos beneficios.

Las runas no suelen hablar de amor. El amor román-
tico y el familiar quedan fuera de su ámbito, pero esta se
le acerca bastante. Es una runa de abundancia, de lo fruc-
tífero, de tener suficiente. ¿Ves la última línea del poema? Es un recordatorio de que debemos mostrarnos
agradecidos por lo que tenemos. No solo agradecidos,
sino también contentos. Disfruta de tu vida. Reconócela,
y también todas las cosas buenas que contiene. Acepta
esta runa, cógela en tu mano y céntrate en aquello por lo
que debes sentirte agradecido. Si te resulta difícil, hazlo
igualmente. O quizá, hazlo especialmente. No podemos
esperar ser felices si no nos esforzamos en serlo.

Resulta fácil pensar, sobre todo hoy en día, que la felicidad significa algo más. Que para ser felices necesitamos una casa más grande, más dinero, una pareja mejor, un trabajo mejor, un bebé, un coche nuevo, ropa nueva, algo nuevo. Resulta tentador considerar que la dicha, en particular, es algo fugaz y raro. Sin embargo…

Piensa otra vez en el mundo desde el que nos hablan estas runas, un mundo de muerte y destrucción, un destino cruel. En el próximo Ætt encontraremos muchas luchas, muchas vueltas y revueltas, pero aquí, por un momento, podemos hacer una pausa. La ausencia de sufrimiento es, en sí misma, dicha. Estar vivo es dicha. Estar a cubierto, seguro, es dicha. Este es un refugio seguro. Aspíralo. Reconócelo, agradécelo. Ámalo.

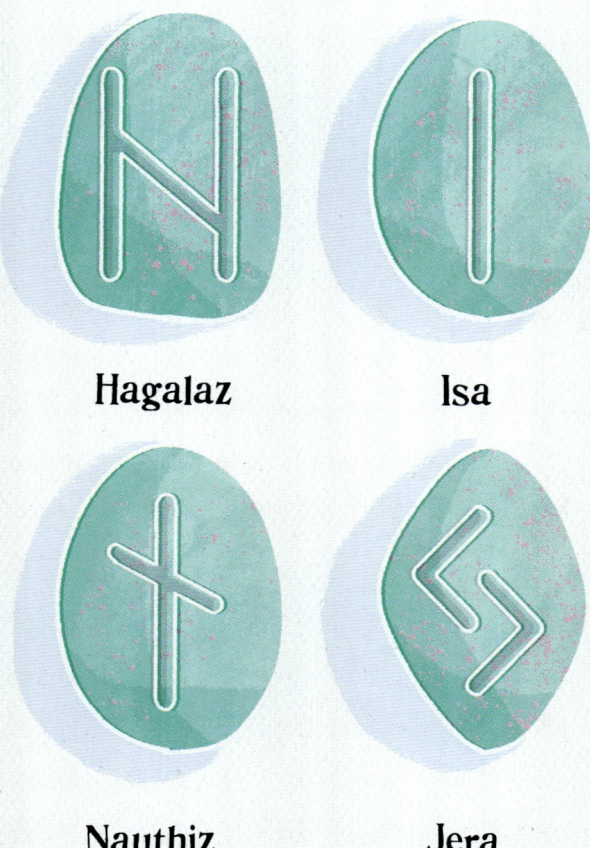

**Hagalaz**

**Isa**

**Nauthiz**

**Jera**

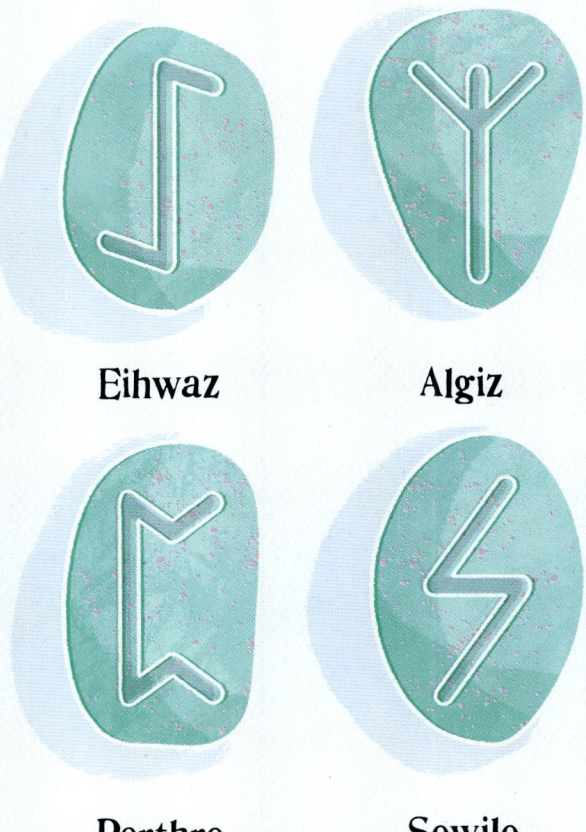

Eihwaz

Algiz

Perthro

Sowilo

# El segundo Ætt:
# Introducción
# a Heimdal

El segundo Ætt, el de Heimdal, está relacionado con las auténticas luchas de la vida, las fuerzas externas que nos sacuden y nos crean. Aquí es donde encontramos el granizo, la tormenta y el hielo; la muerte y el subconsciente, y las fuerzas inconscientes que nos mueven. Es también el Ætt de Jera, el año, y el tiempo que sigue avanzando sin detenerse; y también el Ætt de Perthro, la tirada de dados que implica oportunidad, suerte ciega y destino extraño.

Cuando Heimdal se encuentra con la humanidad, esta sufre, pero sin las runas de Heimdal jamás creceríamos. Él es quien guarda los misterios que hacen que la vida sea algo más que vacas, llovizna y besos.

Es el guardián de los dioses. Está ante las puertas de Valhalla y vigila el mundo. Es profundamente misterioso. Sabemos de él menos incluso que de la mayoría de los antiguos dioses nórdicos, y lo que conocemos es críptico, extraño, entremezclado. Lleva un cuerno de carnero para advertir que se está acercando y está relacionado con la fuerza de la carga del carnero rampante (acuérdate de la cabeza de carnero que llevaban tallada los antiguos arietes). Es un guerrero, y también un guardián. Es el «más blanco de los dioses», tiene «dientes de oro» y necesita «menos sueño que un pájaro». Es del viento, y también del mar.

Se crió con el poder de la tierra, y con el frío mar, y con la sangre de un jabalí. Las runas de este Ætt son grandes fuerzas, las cosas de la tierra profunda y el mar infinito, y la muerte, que está en el corazón de la vida. Aquí encontramos muerte, pérdida, vacío, renacimiento y las profundidades de nuestra conciencia. Tenemos la mano del destino y las vueltas de la casualidad. Tenemos a Yggdrasil, el gran Árbol del Mundo, que representa el espacio profundo, y también a Jera, que representa al tiempo profundo, la forma en la que la tierra sigue girando hasta el fin de los tiempos. Tenemos las pertenencias más básicas de la humanidad y la inmortalidad de la naturaleza que la rodea. Estas son las cosas que no podemos controlar, las que nos suceden.

# Damos la bienvenida a Heimdal

Heimdal, el vigilante, nació de nueve madres.

El nueve es un número poderoso en la mitología nórdica. El tres es sagrado, y nueve es tres veces tres. Había tres seres cuando se creó el mundo; tres nornas, las deidades que dieron forma al mundo; y Odín, el rey de los dioses, es la tercera generación de su linaje que gobierna el mundo.

Y Odín estuvo nueve días y nueve noches colgado de Yggdrasil, el Árbol del Mundo, para adquirir la sabiduría del universo. Ya nos hemos encontrado con él. En el Ætt de Heimdal conoceremos a Yggdrasil. Es el Árbol del Mundo, el fresno que está en contacto con los nueve mundos. Existen nueve reinos celestiales y cada noveno año los vikingos se reunían durante nueve días y nueve noches y sacrificaban nueve hombres y nueve bestias a los dioses.

Y Heimdal es el producto de nueve. Nueve madres, que también eran nueve hermanas, y creemos que son las nueve hermanas cuyos progenitores eran los gigantes Rán y Ægir.

Habitan en las profundidades del lecho marino, por debajo de los salones de los dioses, y son muy queridos por estos. Rán significa 'ladrona' y roba hombres para llevarlos a lo más profundo. Ægir, su marido, es sencillamente el Océano y todo lo que este implica.

Sus nueve hijas son las nueve olas del mar: Pelo Sangriento y Gran Ola, Espuma y Elevador, Transparente y Fresca, y tres olas más para las que no tenemos en nuestro idioma palabras con las que diferenciarlas. Se denominan Angeyja la Acosadora, Atla la Contundente, Eistla la Reluciente, Eyrgjaya la Cicatrizadora, Gjalf la Rugiente, Greip la Aferrante, Járnsaxa la del Cuchillo de Hierro e Imð y Ulfrun, las leonas marinas. Aquí están las grandes amenazas de la vida, representadas como peligros tan antiguos que a veces ni siquiera los vemos ya. No disponemos de nombres para los distintos tipos de olas, porque ya no las tememos. O peor aún, las tememos sin conocerlas. No conocemos nuestros miedos, y lo desconocido es aún peor.

Por tanto, vamos a abordar en primer lugar los miedos desconocidos. Afrontemos las cosas que tememos antes de entrar en este Ætt, que es de oscuridad y fuerzas externas que nos lanzan de un lado a otro. Vamos, al menos, a conocer qué es lo peor que podemos encontrar aquí. Si controlamos lo que nos asusta, esto no puede controlarnos a nosotros. Y el miedo puede ser útil. Puede ayudarnos, igual que el dolor puede ser un maestro. Nos avisa, nos habla y nos permite aprender cosas de nosotros mismos. Por tanto, vamos a reflexionar sobre él durante unos momentos. Vamos a abrir espacio al miedo.

## EJERCICIO

Enciende una vela y date espacio para respirar.

Da la bienvenida a tu miedo. Recíbelo en voz alta, si puedes: bienvenido, miedo, y mientras lo haces, reconoce que estás en un lugar seguro, abrigado e iluminado por una vela.

*Di: Miedo, eres bienvenido.*

Dale las gracias a tu miedo. Dilo en voz alta, si puedes: gracias por el aviso, por la ayuda, por el apoyo. Agradécele todo lo que te ha dado: los regalos que ha tejido para ti, la oscuridad que te ha ayudado a evitar, el sexto sentido que te ha sacado de problemas.

*Di: Miedo, reconozco que estás aquí. Reconozco tus regalos. Reconozco tu poder.*

Pon nombre a tu miedo, si hasta ahora no lo tenía. Di en voz alta aquello que te asusta. Díselo a la vela y pronúncialo con claridad.

*Di: Tengo miedo…*

Contempla el corazón de la llama de la vela y observa cómo respira. Haz tú lo mismo y, al exhalar, exhala también tu miedo.

*Pregunta: ¿Qué tengo que hacer, miedo, para ayudarte?*

Y escucha la respuesta. ¿Qué puedes hacer para aliviar este miedo… y qué te está pidiendo el miedo que hagas? ¿Puedes emprender alguna acción? ¿Está tu miedo basado en una preocupación concreta o en una verdad universal? Escucha a tu miedo. Escucha sus necesidades. Reconócelo. Acepta tu miedo. Promete que harás todo lo que puedas y nada más.

Hazte una promesa solemne de hacer aquello que puedas controlar (concertar la cita con el médico, abrir la carta del banco) y dejar que el universo se ocupe del resto. No puedes cambiar tu destino, pero sí hacer tu parte. Heimdal es un vigilante, y tú solo puedes vigilarte y cuidar de ti mismo, de tu comunidad y de la gente que quieres.

Contempla la llama de la vela y libérate de la presión de hacerlo todo. Exhala tu miedo y apaga la vela. Coge las runas y, en el humo de tu promesa, empieza.

# Hagalaz: Tormenta de granizo

*Grano frío*
*y ducha de aguanieve*
*y enfermedad de serpientes.*

No hay ningún tiempo atmosférico más sorprendentemente desagradable que una tormenta de granizo. Es caótica e impredecible y te golpea la piel con agresividad. No puedes hacer más que refugiarte. Esta runa representa una alteración inevitable… y también destrucción.

Piensa en las enormes granizadas que pudieron conocer los vikingos en las frías costas de Escandinavia y la antigua Escocia. Piensa en la destrucción que los inmensos granizos pudieron provocar en un mundo en el que los tejados eran de paja y las paredes estaban enlucidas con cañizo y barro. Piensa en los animales que resultaban muertos, en los niños asustados, en los hogares destruidos. Y no se podía echar la culpa de todo ello más que al universo: el universo y los dioses. No es un problema creado por el hombre y no tiene solución. Lo único que podemos hacer es escondernos. Debemos esperar a que pase.

Y así lo haremos. La tormenta siempre acaba amainando. Los cielos siempre se despejan y podemos salir y ver lo que ha dejado el granizo. Qué formas ha grabado en la tierra, qué cosas ha dejado al descubierto el destrozo de los cielos. El «grano frío» crecerá y dará algo, si esperamos. Se fundirá, quizá, para suavizar la tierra para la primavera y las semillas germinarán.

# Nauthiz: Necesidad

*Aflicción de la criada
y estado de opresión
y trabajo agotador.*

Nauthiz, 'esto no', es la pesada carga de trabajo, de la obligación, de la necesidad y de aquello que no podemos esquivar. Es la runa del trabajo real. Si la has sacado, podría significar que te toca arrimar el hombro, que necesitas arrodillarte y hacerlo, que tuyas son las limitaciones del arreo y que solo llevándolo conseguirás que tu viaje tenga éxito. Para mejorar, debemos trabajar para conseguirlo. No hay nada que no conlleve un precio y este sacrificio merece la pena.

Sin embargo, también significa que debes prestar atención a tus luchas. Para honrar el sentimiento del trabajo y, al mismo tiempo, reconocer nuestra necesidad de ser libres. La «criada» del poema es probablemente una esclava, al menos en parte; no tiene elección. No solo anhela ser libre, sino que llora activamente no serlo. Hay un anhelo de serlo.

¿Bajo qué opresiones estamos trabajando? ¿Podemos, a diferencia de la criada, encontrar una salida?

La runa está llena de decisiones arduas, porque el trabajo hay que cumplirlo. Piensa en el tipo de labores que probablemente tenga que realizar la criada (agricultura de subsistencia, cuidado de los niños, ordeñar la vaca, tirar del arado y mantener la casa) y en qué sensaciones provocaría en tus manos trabajar así. Ahora bien, piensa también en los niños hambrientos, en el hogar frío y en los campos sin arar. El trabajo debe realizarse. ¿Eres tú quien debe hacerlo? ¿Puedes hacerlo con amor, con alegría, sabiendo la satisfacción que sentirás al cumplir con tu obligación?

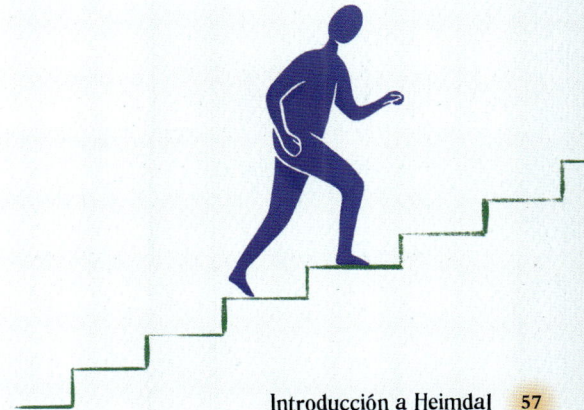

# Isa: Hielo

*El ladrido de los ríos*
*y el techo de la ola*
*y la destrucción de los condenados.*

Este carámbano desgarra la página, decidido y limpio. Esta runa prácticamente no necesita traducción. Debes pensar no solo en la palabra, sino también en la forma clara y brutal de la propia runa. El hielo dibuja una especie de lanza sobre la página y, como esta, se mantiene absolutamente recta y sin oscilaciones. La línea no se rompe ni se tuerce. Es un himno de focalización, control y concentración.

Hay quietud en esta forma. La quietud de un mar o un río congelados. Coge a estas nueve hijas-hermanas-madres y las mantiene bajo control durante un momento. Es una runa de baja energía que te avisa que debes conservar tu energía y esperar el momento. Es una época dura, o esta está por llegar. Los ríos se congelarán y solidificarán. Debes estar preparado y, si no lo estás, quédate quieto. No malgastes el calor que te queda en intentar luchar contra algo tan duro y frío como el hielo.

Es destrucción, es fatalidad. No es una broma. Es el invierno, puro y simple… y un invierno islandés no es una buena forma de probarte a ti mismo. Es un desafío serio y, en ocasiones, la discreción es la mejor forma de demostrar valor.

Si intentas luchar, patinarás… y se te resbalará entre los dedos. El hielo puede ser traicionero. También hermoso, pero capaz de traicionarte. Cualquiera se puede resbalar cuando camina sobre hielo, incluso alguien poderoso o fuerte. De hecho, cuanto más fuerte camines por el glaciar, más probable es que tropieces. El hielo te humilla.

No intentes alzarte. Debes permanecer agachado, humilde, abrigado. ¿Puedes dejarlo pasar? ¿Puedes quedarte sentado y esperar a que llegue la primavera?

# Jera: Año

*Bendición para los hombres
y un buen verano
y cosechas abundantes.*

Y Jera, el año, nos recuerda que la primavera siempre acaba por llegar.

La primavera, y luego el verano, y luego la cosecha: los cultivos prosperan, los hombres festejan y lo mismo hacen las bestias.

El año siempre seguirá rotando. Estamos sujetos a las estaciones, exactamente igual que la flora y la fauna. Ni siquiera ahora hemos inventado una forma de impedir la llegada del invierno ni de traer el verano. Estamos sujetos a un tiempo que se mueve, nos guste o no; una marcha imparable desde el principio hasta algún otro lugar, distante y fuera de nuestro alcance. No podemos escapar. No podemos parar. El tiempo está sobre nosotros y siempre lo estará, barriéndonos hacia algún lugar que nadie conoce. Por tanto, debemos aprender a vivir en esta corriente. Debemos tener paciencia y esperar.

Esta es la runa del tiempo profundo. Es la duodécima, la que ocupa justo el lugar central del alfabeto, lo que la convierte en una especie de bisagra del destino. El año gira alrededor de la cosecha al igual que el alfabeto rúnico gira en torno a Jera; aquello que recolectemos nos alimentará hasta la siguiente temporada. Estamos alimentando nuestro yo futuro con el trabajo que hacemos hoy, y lo que comemos hoy lo plantó nuestro yo anterior. Todo está conectado y nada se pierde.

Nos llegarán las recompensas, y esta runa de la cosecha es la de la recompensa. Es la runa de la esperanza y la paciencia, de la inversión y la creatividad, del cumplimiento de las cosas. La rueda del año nos trae la cosecha. Siempre nos la traerá si ponemos el trabajo, si ponemos el tiempo.

Si ponemos el tiempo, este nos traerá recompensas.

# Eihwaz: Fresno

*Arco doblado
y hierro quebradizo
y gigante de la flecha.*

Esta es la runa de Yggdrasil, el Árbol del Mundo. Es la runa del fresno. Abre la segunda mitad del alfabeto rúnico, tal y como los fresnos marcaban tradicionalmente en los países anglosajones la entrada a los cementerios, irguiéndose sobre el pórtico del camposanto. Tienen raíces profundas y, como se plantan por tradición en los cementerios, sus raíces descienden entre los cuerpos de los muertos. Son el camino hacia nuestros antepasados, para saber lo que ellos sabían, para ver lo que ellos veían. Se dice que Odín estuvo colgado de Yggdrasil nueve días y nueve noches, sin comida ni agua, para entender el conocimiento de los antiguos. El sacrificio fue grande, pero el fresno lo mantuvo seguro y estable. Este es el árbol que nos mantiene enraizados en el mundo. Acompaña a Jera, la duodécima runa, para formar una especie de conjunto coordinado de espacio y tiempo.

Nos dice qué lugar ocupamos en el mundo; es una especie de brújula. Observa cómo la propia runa parece una flecha con dos puntas que señala tanto arriba como abajo.

De fresno se fabrican los mejores arcos, y las mejores flechas. Se dice que en Escandinavia, hace muchísimo tiempo, estos árboles no crecían, por lo que los arcos fabricados con ellos eran premios obtenidos en tierras extranjeras. Un arco de fresno se dobla más que ningún otro y las flechas son rectas y sin ondulaciones. Aterrizan donde deben hacerlo. Van allí donde se las envía, si se lanzan con un propósito.

Estas flechas dobles nos dan dirección y, si esta runa te aparece, te está indicando que debes encontrar tu dirección. Te está haciendo estas preguntas: ¿dónde estás?, ¿adónde quieres ir?, ¿adónde querrían ir tus antepasados? Profundiza en tus tradiciones y en tu propio sentido del yo y del lugar. Sé auténtico y estate preparado para sacrificarte si quieres llegar hasta allí. Merecerá la pena. El conocimiento que obtendrás al comprender tu propio viaje merecerá el sufrimiento que conllevará llegar hasta allí.

# Perthro: Oportunidad

*Perthro es una fuente de recreo*
*y diversión para los grandes,*
*donde los guerreros están todos juntos*
*alegremente sentados en el salón de*
*    banquetes.*

Perthro es un juego de azar. Un juego de suerte que representa aquello que nos es desconocido. No sabemos cómo se desarrollaba, pero podemos escuchar las palabras *per throw* ('por tirada', en inglés) y ver los dados sobre la mesa. Sabemos que las personas llevan cientos de años jugando a los dados. Es un juego, es una apuesta. No te lo tomes demasiado en serio. No tomes nada demasiado en serio. Así es como los guerreros pasan el tiempo antes de que comience la batalla. Son soldados serios, pero disfrutan con los juegos de azar como el resto del mundo. Más, quizá, que nadie. Saben que la vida es para perder, y que los juegos son para ganar. Es una tirada de dados, y una prueba de suerte.

De todas formas, esta es una runa esperanzadora. Habla de diversión, de recreo. De arriesgarlo todo para ganarlo todo, y de hacerlo con una sonrisa. Después de todo, tienes que estar en ello para ganarlo. ¿Quién sabe lo que puede suceder? Mañana, los soldados pueden morir en el campo de batalla, pero esta noche celebran. Esta noche bailan. Esta noche juegan con sus amigos, e incluso los grandes están invitados a apostar por la gloria y el oro. ¿Quién sabe qué puedes ganar si pones tus cartas sobre la mesa? ¿Quién sabe si este es el momento en que sacas el seis doble y te contoneas hacia la victoria? Podrías ganar. También podrías perder, pero ¿qué más da? Puedes cogerlo todo. Solo tienes que tirar los dados y participar.

Esta es una runa de riesgo. Asúmelo.

# Algiz: Junco de agua

*El junco de agua se encuentra*
*    sobre todo en los marjales;*
*crece en el agua*
*y produce una herida horrorosa*
*que cubre de sangre a todos los*
*    guerreros que lo tocan.*

No me toques, dice Algiz. No te acerques a mí y yo no me acercaré a ti. No me obligues a herirte.

Esta espinosa runita quiere que la dejemos en paz, y seguir su consejo o no es cosa tuya. Todo tiene consecuencias, pero tú tienes libre albedrío, puedes hacer lo que te apetezca. Esta runa quiere pensar sobre los límites: los tuyos, los de otras personas y también los que establece la propia naturaleza. El junco de agua hunde profundamente sus raíces en los pantanos, allí donde ningún hombre tiene derecho a estar. Se ha apartado de la gente, pero si esta se acerca de todas formas… ¿qué más da que resulten heridos?

Esta runa quiere una compasión auténtica… para todos los participantes en la historia. Los límites son importantes, pero atacar no es casi nunca la mejor opción. Es terrible quedar herido, pero también lo es que te toquen, terrible quedar herido, pero también lo es que te toquen, te arranquen y te cojan cuando has hecho todo lo posible por apartarte.

Esta runa te pregunta si estás sobrepasando los límites de alguien, o si alguien está sobrepasando los tuyos.

¿Puedes trazarte algunos límites? ¿Puedes asegurarte de que aquellos que sobrepasen tus límites sufrirán consecuencias? Tienes derecho a protegerte. Recuerda que tienes derecho a pedir lo que necesitas. Mereces disfrutar de espacio y tiempo… pero no tienes que agredir verbalmente. ¿Se te ocurre alguna forma de trazar límites que no haga sangrar a nadie? ¿Hay una forma más amable de pedir? ¿Hay una mejor forma de conseguirlo?

O quizá seas tú el que está sangrando. ¿Deberías haber dado un paso atrás? ¿Puedes darle a esta runa el espacio que necesita? ¿Puedes respetar las decisiones de otras personas y pedirles que respeten las tuyas?

# Sowilo: Sol

*Escudo de las nubes*
*y rayo brillante*
*y destructor del hielo.*

En la versión anglosajona de este poema, escuchamos que Sowilo es la «esperanza de los marineros». En la islandesa, se nos dice que esta runa es la «destructora del hielo». Las nueve olas peligrosas se han vuelto relucientes y hermosas bajo la luz del sol; el hielo y el granizo se han derretido. Este es el sol que guía a los marineros a tierra, tras sus largas noches y oscuras tormentas. Es el que limpia las infecciones, da color a nuestras mejillas y engorda los frutos de las cosechas. El rayo brillante nos ilumina, incluso en el invierno.

Piensa en esos largos y oscuros inviernos islandeses y lo maravilloso que tuvo que ser ver por fin el sol. Esta es la esperanza de Heimdal para nosotros, después de todo lo que hemos pasado; después de todas las luchas, el esfuerzo y el trabajo. Es victoria. Es maestría. Es un resplandor de sol, un fuego que crepita en el hogar, el regreso del calor a los pies y manos heladas.

La acogemos y sentimos que las dificultades se funden como el hielo. Esta es la zona de confort y a veces tenemos que darnos tiempo para estar en ella. Relájate un poco. Aquí no corres ningún peligro; aquí hay seguridad, comodidad y alegría.

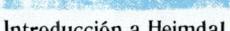

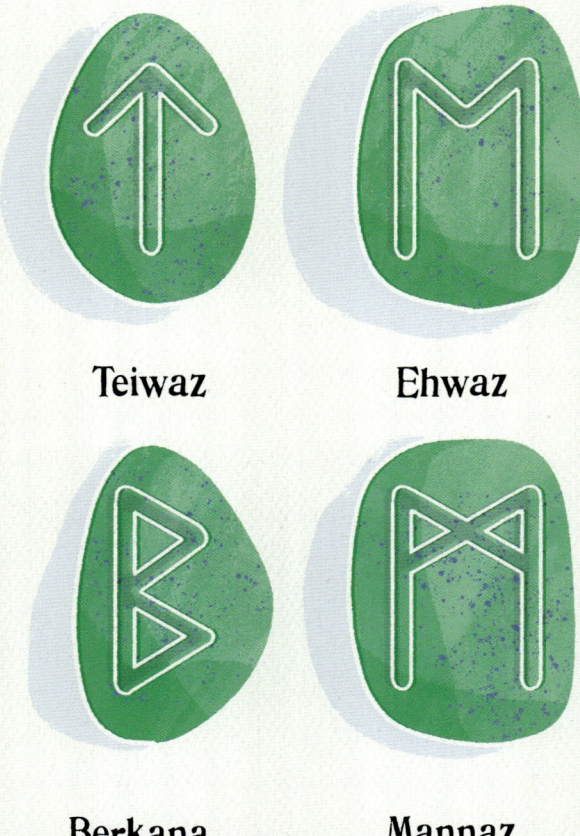

Teiwaz

Ehwaz

Berkana

Mannaz

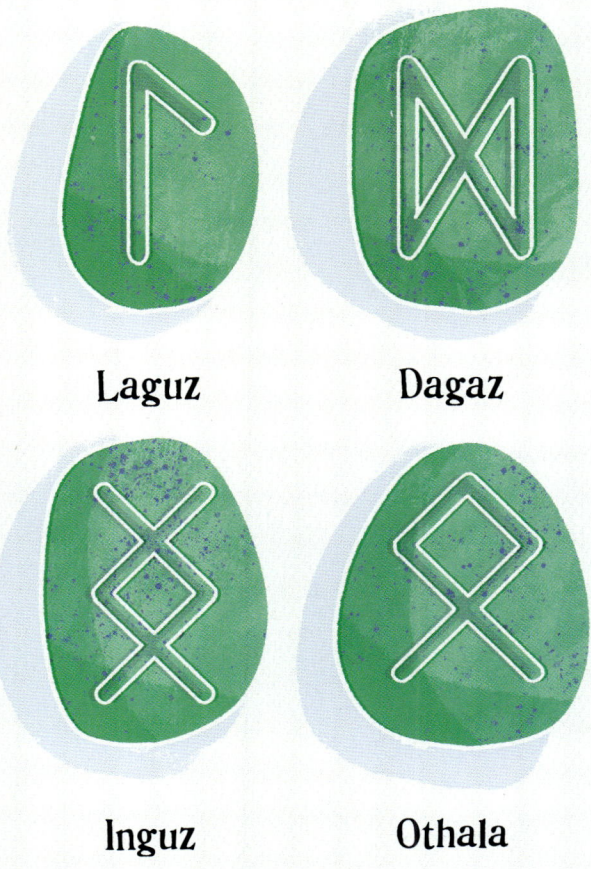

Laguz

Dagaz

Inguz

Othala

# El tercer Ætt: Introducción a Tyr

El tercer Ætt, el de Tyr, son las fuerzas interiores que nos mantienen a flote, que nos mantienen unidos ante las pruebas y evitan que seamos algo más que simples bestias. Es el lugar en el que se unen lo visible y lo invisible, donde la comunidad, la fuerza de carácter y el espíritu llegan brillando hasta ocupar la primera línea. Aquí está el dios Tyr, que sacrificó su mano al lobo que devoraba el mundo. Y con él encontramos la fuerza de voluntad y el triunfo, las tradiciones, la creación del hogar y la aurora que está a punto de llegar. Es justicia. Es honor.

Tyr es Tiw, o Teiwaz. Es el francés *dieu* y nuestra «deidad». Su día es el martes, *Tuesday* en inglés, *Dienstag* en alemán y *Dinsdag* en danés. Todos estos nombres se pueden traducir vagamente como 'Día de la Cosa'. La palabra «cosa» tiene en nuestro lenguaje actual un significado muy vago y amplio, pero solía indicar mucho más. Antiguamente era una reunión, un encuentro de personas libres que se juntaban para reunirse, discutir, legislar y hacer justicia. Esta es la primera parte del significado de Tyr: su día es el Día de la Cosa, de la reunión o de la asamblea. Es el día de la comunidad, de las tradiciones del hombre, de nuestro hogar, de nuestra gente y de las estructuras que creamos para mantenernos juntos.

De todas formas, la historia de Tyr es algo más que eso. Lo que podemos aprender de él, que es tanto el maestro de este Ætt como una runa por derecho propio, son las fuerzas que nos permiten hacer esas estructuras y comunidades. Es el Ætt del autosacrificio, de nuestro subconsciente, de la justicia, el amor y el nuevo día. De volver a empezar. Try sacrificó su mano para que el mundo no se terminara, y esta es la historia que debemos contar para ver toda la fuerza de este Ætt.

Ahora, para conocer a Tyr, debemos entender su mundo, el de los dioses, los gigantes y su compleja red de sexo, muerte, asesinato y gloria. No es el nuestro. Cuando intentamos imponer nuestras propias ideas sobre él, se vuelve enloquecedor y, al mismo tiempo, un poco tonto. Se dice que, para entender de verdad el poder literario de los grandes clásicos occidentales, es necesario hacerse cristiano mientras los estás leyendo. Es necesario creer en los pilares de ese mundo y comprenderlos. Lo mismo sucede aquí. Hay que seguir su corriente.

Esta historia sucedió en el pasado, pero también sucede en el futuro. Es el relato del final del mundo, de nuestro mundo, y de la muerte de los dioses. Y es también el de su renacimiento, y el nuestro.

El dios engañador Loki tuvo tres hijos con la giganta Pesar: una gran serpiente llamada Jörmungandr, una diosa de la muerte llamada Hel y un lobo feroz denominado Fenrir. Los otros dioses creen que son problemáticos y, por supuesto, tienen razón.

Los dioses saben que estos tres, junto con su padre, provocarán el fin del mundo. Loki matará al dios Baldur, amado por todos, brillante y alegre, valiéndose de un truco; Hel se niega a dejarle salir del inframundo y, de una forma bastante literal, todo el infierno se desata. El mundo está en guerra. Los hermanos luchan contra las hermanas, las madres contra los hijos. Los dioses son asesinados allí donde se encuentran e incluso el poderoso Odín es devorado por la serpiente Jörmungandr. Todo es desesperación, el cielo está rasgado en dos y Fenrir, el lobo, promete devorar todo lo que quede. Esto es Ragnarök, el final de los tiempos. No quedará nada a excepción de la necesidad de volver a empezar. A partir de este mundo roto surgirán un hombre y una mujer del último bosque que siga en pie. Surgirán también las hijas y los hijos de los dioses. El sol volverá a brillar y el mundo renacerá.

De todas formas, para darnos un poco más de tiempo, los dioses han mantenido a raya a estos tres niños. Envían a Hel a sus propios dominios del inframundo para que los vigile. Lanzan a la serpiente al mar. Pero nadie sabe qué hacer con Fenrir. No se puede dejar al gran lobo sin supervisión, aunque todavía sea un cachorro, por lo que Tyr, intrépido y leal, se queda con él. Lo alimenta. Lo cría. Le da carne con sus propias manos.

Y, a medida que el lobo va creciendo, lo mismo sucede con la amenaza. Los dioses deciden que hay que encadenarlo y, para engañarlo y que se someta, le dicen que las cadenas son una prueba con la que debe demostrar su gran fuerza. Hacen un juramento. Fenrir, receloso, dice que solo se someterá a las cadenas si Tyr introduce la mano en su boca. Si no se puede liberar de las cadenas, se tragará su mano derecha.

Y Tyr acepta. El lobo le muerde la mano y él queda roto para siempre, pero el mundo se salva. Dio para que pudiéramos vivir, y este es su Ætt: razones para vivir y para qué vivir.

# Damos la bienvenida a Tyr

Vamos a dedicar un tiempo a entender para qué vivimos.

Puede resultar fácil, en medio del caos de la vida, perder de vista lo realmente importante: cuando trabajamos todo el día, ¿para qué lo estamos haciendo? ¿Qué es lo que nos impulsa a hacer lo que hacemos?

Tyr asume la carga, no solo de introducir la mano en la boca del lobo, sino también de cuidar de este. Ve lo que es necesario hacer para su comunidad y lo hace. Ese es el motivo de que su día, el día de Tiw, sea también *Dienstag*. Rige el «Día de la Cosa» en el que la gente se reunía, y lo hacían con alegría y en favor de la justicia. Las cosas, en el viejo sentido, eran nuestra forma de evolucionar para alejarnos de las guerras; la manera de detener los clanes guerreros, los feudos de sangre y la venganza. Nos uníamos bajo la tutela de Tyr para decir lo que pensábamos, para escuchar y ser escuchados. Se dice que en los Días de las Cosas, cualquier hombre libre podía defender su caso. Cualquiera tenía derecho a hablar y todo el mundo tenía la obligación de escuchar. Y estos Días de las Cosas eran una alegría. Había festejos, casamientos y dinero. Había sexo, y poder, y también una especie de equilibrio.

Cualquiera podía venir. Cualquiera podía hablar. Se podía decidir cualquier cosa y se podía ver a todo el mundo como lo que realmente era.

Si una cosa es un objeto, es un objeto que ha sido percibido. «Esa cosa» decimos acerca de algo que hemos visto aunque todavía no lo conozcamos ni le hayamos puesto nombre. «Esa cosa de ahí» decimos, indicando que queremos que alguien más la vea. «La cosa es» afirmamos para indicar el meollo de un asunto. Es una palabra que sirve para todo para un dios que sirve para todo. Porque la comunidad, y percibir el corazón de la nuestra, es algo que nunca pasa de moda.

Tyr es un dios de comunidad, de estar juntos, y en su honor debemos contemplar nuestro papel en el mundo, nuestro lugar en nuestra comunidad. Cuando estamos integrados, prosperamos.

Puedes considerar este ejercicio como una especie de oración secular… o dedicársela a cualquier dios en el que creas, incluido Tyr. Quizá te apetezca escribir cualquier palabra o pensamiento que se te ocurra mientras reflexionas sobre estas preguntas:

¿A qué lugar pertenezco?

¿Qué cosas me importan?

¿Qué persona me importa?

Son grandes preguntas, pero son aquellas que nos pide la historia de Tyr. Debemos mantener nuestra gente y nuestros valores en el primer plano de la mente y vivir para estar a su altura. También nos pide que ampliemos esa comunidad, no solo a nuestros amigos, no solo a nuestra familia, sino al ancho mundo. Él pierde su mano no solo por los dioses, sino por toda la humanidad; y las Cosas que suceden en su día son las que unen todo tipo de clanes y comunidades diversas. Cuando nos juntamos, somos las personas más felices.

Plantéate las siguientes preguntas:

¿Dónde podría mi vida ser más diversa?

¿Dónde podría reunir a mi comunidad?

¿Cómo podría fortalecer mi vínculo con mi comunidad?

¿Te asusta? Quizá sí. Esa es la cosa (¡!): tienes que ponerte en contacto con tu comunidad para que esta pueda ponerse en contacto contigo. Puedes ofrecerte de voluntario en una biblioteca, apuntarte a un club de atletismo como ayudante, escribir a tu representante electo para impulsar el cambio. Puedes hablar con un vecino u ofrecerte a ayudar a quitar malas hierbas en los parterres de un parque de tu vecindario. Puedes sencillamente consultar un tablón de anuncios de tu localidad y ver si hay algo que te llame la atención. Habrá algún lugar, algún modo, que te permita sentir que perteneces a ese grupo. Si te tomas el tiempo para plantar una semilla, y para regarla, podría crecer algo muy hermoso.

Y Tyr nos pide que nos hagamos la siguiente pregunta:

¿Qué puedo hacer para ayudar?

# Teiwaz: Tyr

*Dios con una mano*
*y restos del lobo*
*y príncipe de templos.*

Acabamos de leer la historia de Tyr, que es Teiwaz. Esta es la runa del Ætt, la que más conlleva el sentido de justicia, rectitud y sacrificio. Observa la recta punta de lanza de la propia runa: no titubea, y nosotros tampoco debemos hacerlo.

Tyr sabe, incluso cuando introduce la mano en la boca de Fenrir, lo que va a suceder.

Sabe que la cadena es irrompible, pero también que su lobo no puede seguir vagando libremente. Sabe que los dioses han mentido al lobo, pero también que alguien tiene que pagar por un acuerdo hecho bajo coacción. Sabe que, para que la justicia pueda servirse, él debe perder algo precioso.

Para salvar al mundo, debe entregar su capacidad para luchar. Para salvar el honor de los dioses, debe convertir su juramento en un intercambio justo: su fuerza por la fuerza de Fenrir, su lucha por la lucha del mundo. Esto es un trato. Esto es justicia. Y él lo acepta.

Y lo que es más, lo hace por el lobo al que él mismo dio de comer. Él lo alimentó, lo cuidó. Le dio la oportunidad de ser amado y de estar seguro. Y, cuando se convirtió en un peligro para todo y para todos, él también estaba en ese final. Estaba ahí cuando el lobo era un cachorro, y también cuando fue proscrito. Asumió su responsabilidad en todo momento. No le dio la espalda.

Fue imparcial; fue justo. Alimentó al cachorro; ató al lobo; arriesgó su vida y entregó su brazo derecho para hacerlo. Era amoroso; era valiente; era leal. Conocía a su comunidad y sabía lo que esta necesitaba. ¿Cómo puedes llevar este espíritu a tu vida? ¿Qué debes entregar para que se haga justicia? ¿Qué sacrificio podrías hacer para que la justicia fuera una realidad?

# Berkana:
# Diosa abedul

*Ramita con hojas*
*y arbolito*
*y arbusto joven y nuevo.*

Después de tanta sangre y tanta lucha, he aquí un lugar verde y tranquilo. Un lugar seguro y, en cierto modo, especial. Un lugar hermoso, que se conoce a sí mismo y te conoce también a ti. Tiene un algo casi maternal: los arbolillos se alzan y crecen unos alrededor de otros, pequeños retoños, hojas nuevas, cosas que están empezando a florecer. Y también hay espacio para ti. El sonido del viento en las copas de los árboles y el burbujeo de un arroyo en algún lugar a sus pies. No hay necesidad de hablar, solo descansa, aquí, en el verdor del bosquecillo de abedules.

Berkana es un abedul, y también una diosa. Trae la primavera, el renacimiento y los secretos.

Sus secretos son suyos, de la misma forma en la que una mujer embarazada podría al principio guardárselos. Son algo personal, y también especial. Esta runa contiene un tipo amable de privacidad que te anima a estar seguro de ti mismo, pero a hablar solo cuando sea necesario. No hay necesidad de luchar. No hay necesidad de guerra. Los abedules crecen rápidamente, cubren la tierra con diminutos retoños y echan raíces muy pronto. Donde antes había guerra, ahora hay un bosque. Llegará la paz, si la deseamos. Debemos desearla, y trabajar en su favor, y hacerle espacio. Deja que los brotes crezcan donde quieran. El progreso debe dejar sitio para las viejas costumbres y para que surjan nuevos momentos. Cuando nos esforzamos demasiado, ahogamos cosas que podríamos haber tenido todo este tiempo. ¿Por qué no dejas de combatir? ¿Por qué no bajas las armas y te entregas a la serenidad de este pequeño espacio lleno de hojas?

Lleva contigo el espíritu de Berkana, si puedes. Guarda en tu mente esa calma, esa reserva privada y amable. La savia del abedul se puede beber, si sangras correctamente el árbol. Es como un agua fresca pero dulce. Al ser rica en minerales, te puede salvar si estás perdido y tienes sed. Bebe a fondo de este bosquecillo de abedules y pregúntate: ¿qué albergas en tu interior? ¿Qué savia puedes guardarte para ti? ¿Qué paz puedes traer con tu silencio, tu consejo, tu calma?

# Ehwaz: Caballo

*Un caballo es una alegría para los*
*    príncipes en presencia de*
*    guerreros.*
*Un corcel con todo el orgullo de*
*    sus cascos,*
*cuando hombres ricos a caballo intercambian*
*    palabras acerca de él;*
*    y es siempre una fuente de consuelo para el inquieto.*

¿Te acuerdas de Raido? ¿Te acuerdas del jinete, y de la cabalgada? Aquí tienes la otra cara de esa runa: Ehwaz, el caballo, y la emoción que todo ello suscita. Es rapidez, es alegría. Es el puro placer de tu yo más animal: moverse, correr y seguir galopando. No pienses en el destino; no pienses en nada que no sea la atracción del futuro y los cascos golpeando contra la tierra. Enorgullécete de lo lejos que puedes llegar, de lo lejos que vas a llegar. No dudes. No discutas sobre ello. Este no es el jinete, no es el hombre rico, sino el propio caballo.

Es también una runa de aventura… y, al igual que la del jinete, está relacionada con el amor. Es una runa sobre la confianza, el amor y el compañero que viene contigo. Nos habla de confiar en la persona en la que has decidido hacerlo, y en quedarse fascinado. En ir con ellos allá donde decidan ir. Es hallar la alegría en ese vínculo, encontrar orgullo en él.

La intranquilidad puede ser una maldición, pero no tiene por qué serlo. Puedes curarla. Puedes curarla moviéndote, levantándote y poniéndote en marcha. No hables más. No pienses más.

Siéntete inquieto por el orgullo. Avanza.

# Mannaz: Hombre

*Deleite del hombre*
*y aumento de la tierra*
*y adorno de los barcos.*

Mannaz es hombre, y hombre es el «deleite del hombre».
¡Qué frase más simple y hermosa: el hombre es el deleite
del hombre! Necesitamos a nuestros amigos, necesitamos
a nuestra gente, necesitamos a nuestra comunidad. Somos
lo único que tenemos, en nuestros barcos y en la tierra:
en la tierra y en el mar, solo nos tenemos los unos a los
otros.

Solo nos tenemos los unos a los otros y el mundo que
construimos juntos. Creamos tradiciones para mantenernos anclados en el tiempo y en el espacio; para que este
mundo loco nos ofrezca una mayor sensación de hogar.
Permitamos que nos la produzca.

La vida es corta, y también dura. La muerte es inevitable, la fría marcha de los años continúa y la tierra sigue
girando. Sin embargo, ante toda esta eternidad, nos tenemos los unos a los otros. Nos tenemos a nosotros y las
cosas que creamos.

Aprecia a tus amigos; aprecia a tu familia; aprecia a tu
comunidad. Aférrate a tu gente como si estuvieras en un

barco en mitad de una tormenta y extiende tu mano a las personas a las que todavía no has conocido. Encuentra una forma de integrarte allá donde estés. Echa raíces. Echa capullos. Ponte en contacto con los demás.

Somos pequeños puntos de luz en un universo vasto e insensible, pero seguimos estando aquí y juntos podemos unirnos, y resplandeceremos.

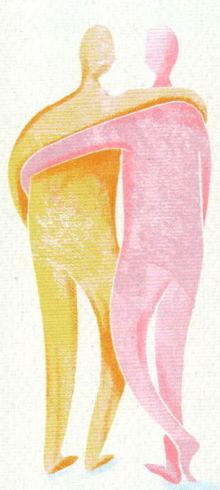

# Laguz: Lago

*Arroyo de aguas turbulentas*
*y amplio géiser*
*y tierra de los peces.*

Esta es la runa del subconsciente, y también de la mente inconsciente. El agua de la que nos habla es el agua de vida, que fluye en todos nosotros. Como personas, estamos compuestos fundamentalmente de agua, y esta runa te invita a hundirte en ti mismo. El agua se asocia siempre con los sueños y la imaginación: las suaves nubes de lo que podría ser, de lo que deseamos, de lo que esperamos, de lo que tememos. Reconoce estos sueños; acepta estos miedos. Averigua lo que quieres saber. Descubre lo que albergas en tu interior.

Y recuerda también que los primeros que leyeron las runas eran vikingos. Gente de mar, marineros y aventureros que vivían en islas barridas por las tormentas y azotadas por la lluvia y el granizo, surcadas de arroyos, géiseres y cascadas. El agua era su mundo, y en ella veían todo tipo de cosas, desde salvación a desesperanza. Cuando es excesiva, constituye un veneno mortal. La escasez te deja, en el mejor de los casos, confuso, y en el peor, cadáver. Puede ahogarte o arrastrarte en su impetuosa corriente.

Puede ser gélida o abrasadora. Puede formar nubes, océanos salados, una tormenta en el mar o la savia de un bosquete de abedules. Es la tierra de los peces; todo un hogar, un mundo que, de algún modo, es tanto nuestro como absolutamente extraño, todo al mismo tiempo. Esta runa nos recuerda que formamos parte de todo, y que todo forma parte de nosotros. Somos nuestra propia salvación y nuestra propia desesperanza.

Contempla tu interior: ¿qué hay? ¿Qué sueños? ¿Qué profundidades?

# Inguz: La semilla y el señor

*La primera vez que los hombres*
*vieron a Inguz,*
*estaba entre los daneses orientales*
*hasta que, seguido por su carro,*
*partió hacia el este sobre la ola*
*y de este modo nombraron al héroe.*

Inguz, o Yngvi, es el hermano gemelo de Freyja, y está tan profundamente impregnado de amor y placer como ella. Le llaman Freyr, que significa 'señor', y es un señor: un héroe y un rey, maestro en la fecundidad, el placer y el amor.

Va montado en un jabalí y posee un barco en cuyas velas siempre sopla el viento. Es paz y placer, la lluvia y el sol cuando vienen con alegría y moderación. Es brillante, dorado y famoso por estar prodigiosamente dotado. Es un dios de la fecundidad de la antigua escuela y esta runa nos cuestiona acerca de esa sexualidad masculina: pide lo que quieres y estate seguro de que se te concederá, y sabe también que en ese momento te dará placer. Conoce tu propio poder, tu valía y tu encanto.

No actúes de una forma estúpida, no des aquello que no puedas recuperar. Inguz entregó su espada para vencer a una giganta, y luego lo lamentó. Pero no te preocupes demasiado. Esta no es una runa de lucha, sino de sexo, alegría, amor y abundancia. Nos habla de cosas plantadas y cosas que están fructiferando. Si Berkana alberga en su interior esa alegría secreta y preñada, Inguz es su homólogo masculino. Es el padre, el héroe, la sexualidad masculina rica y cómoda que equilibra la hermosa paz femenina de ella.

# Othala: Hogar

*Un terreno es algo muy querido
  para todo hombre
si ahí puede disfrutar en su casa
de todo aquello que es correcto y
  adecuado
con constancia y prosperidad.*

Y tras Inguz, el padre, viene esta runa: Othala. En este caso significa 'hogar', pero esa palabra está relacionada con «Atilla», que significa 'padrecito'. Estas son las pistas: Othala es una runa de lugares pequeños y cálidos y de cariño. Nos habla de una gran riqueza y algo parecido al amor. Es la runa de nuestra herencia, de lo que tomamos de nuestros padres y entregamos a nuestros hijos.

Es la runa de nuestra identidad cultural, sea esta lo que fuere y esté donde esté.

Como ha sucedido con algunas otras, se la han apropiado gentes que creen que solo existe un único tipo válido de herencia cultural. Y esa idea resulta ridícula, peligrosa e incorrecta. Esta runa nos habla a nosotros, quienes quiera que seamos, sea lo que fuere lo que heredemos y queramos transmitir. Es una runa de amor, de hogar y de esperanza.

Construimos nuestros hogares para crear espacios seguros para las personas que amamos y para nosotros mismos. Aquí podemos depositar nuestras cargas, domar a nuestros bueyes salvajes y dar a nuestro caballo corredor paja, agua y un establo en el que descansar. Aquí podemos resguardarnos de la tormenta y proteger nuestra cosecha. Aquí podemos plantar el bosquecillo de abedules. Aquí podemos dejar nuestra espada y permitir que se curen nuestras cicatrices. Aquí podemos dormir.

Permítete descansar y amar. Permítete tener un poco de tiempo. Entra, acércate al fuego y caliéntate. Sé amado. Estate seguro y duerme.

# Dagaz: Amanecer

*Día, la gloriosa luz del Creador,*
*enviado por los dioses;*
*es muy querido por los hombres,*
*una fuente de esperanza*
*y felicidad para ricos y pobres*
*y al servicio de todos.*

Y cuando hayamos dormido, llegará la aurora. Por muy oscura que haya sido la noche, la luz asoma sobre el horizonte. Llega la iluminación, y todos los problemas se pueden resolver. Con tiempo, la luz regresa… y tampoco necesita tanto tiempo. Un día tiene veinticuatro horas, y hay veinticuatro runas en un alfabeto, y eso no supone una espera tan larga para un nuevo comienzo.

Jera, el año, promete una marea interminable de tiempo… pero a veces necesitas una nueva tesela que sea un poquito más rápida. Las cosas que haces hoy pueden haber desaparecido mañana; los errores que cometiste ayer pueden haberse subsanado, o pueden verse de una forma nueva esta mañana, a una luz mejor.

Este no es el cambio lento; no es el giro constante de la rueda del año. Es la mañana, que viene a ti cuando estás en la cama. ¿Qué puedes hacer? ¿Qué vas a hacer? Atiende tus proyectos. Ama a tu gente. Sé consciente de que al final del día, como poco, podrás dormir. Y que el nuevo día llegará pase lo que pase.

La aurora llega cada día, y cada día es útil. Podemos hacer que cada día sea útil.

Esta runa, la última, te da el mundo y te pregunta qué vas a hacer con él. ¿Qué vas a hacer con tu vida? Esa es una pregunta demasiado grande para la mayoría de nosotros.

¿Qué vas a hacer con tu día?

¿Qué *podrías* hacer con tu día?

**Introducción a Tyr**